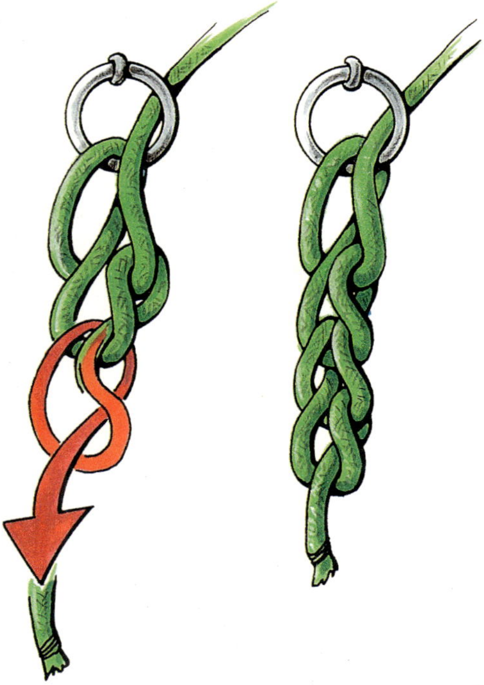

Kleines Hufeisen

Großes Hufeisen

Reiterferien sind ein Traum

geschrieben von Susanne Kappmeier,
illustriert von Silke Ehrenberger

FN hufeisen sachbuch

Die Deutsche Bibliothek – CIP-Einheitsaufnahme

Reiterferien sind ein Traum / geschrieben von Susanne Kappmeier.
Ill. von Silke Ehrenberger. - Warendorf : FN-Verl. der Dt. Reiterlichen
Vereinigung, 1998
(FN-Hufeisen-Sachbuch) (Kleines Hufeisen - Großes Hufeisen)
ISBN 3-88542-333-2

Autorin: Susanne Kappmeier, Vlotho
Lektorat: Isabelle von Neumann-Cosel, Edingen-Neckarhausen
Illustratorin: Silke Ehrenberger, Dossenheim
Layout: Medium GmbH, Beelen
Fotos: C.T. Nebe, Ladenburg, Seiten 9, 13, 15, 16, 22, 23, 29,
30, 41, 42, 43 und 47.
Werner Ernst, Ganderkesee, Seiten 5 und 46.
Plus Foto, Euskirchen, Seite 19.
Edition Boiselle, Speyer, Seite 27.
Jean Christen, Mannheim, Seite 24 und 38.
Susanne Kappmeier, Vlotho, Seite 35.
Lithografie: D & L Reichenberg GmbH, Bocholt
Digitale Bogenmontage, Druck und Verarbeitung:
MediaPrint, Paderborn

Der Text dieses Buches entspricht den Regeln der
neuen deutschen Rechtschreibung

ISBN 3-88542-333-2

Wo finde ich was?

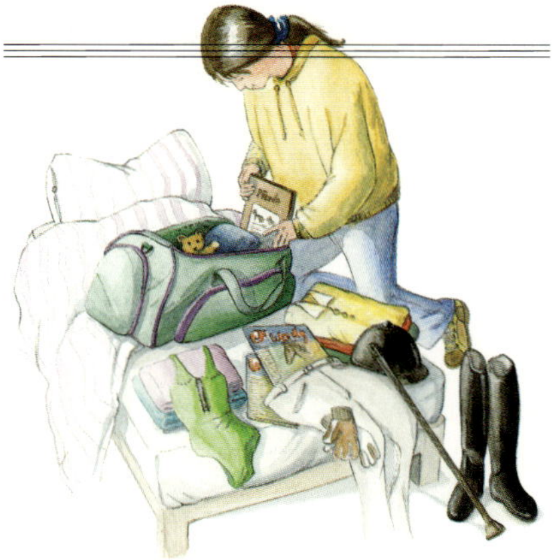

Ferienglück für jung und alt: Begegnungen mit Pferden

Es gibt einen Virus auf dieser Welt, vor dem ist kaum jemand sicher. Diejenigen, die es so richtig erwischt, können kaum noch einen Gedanken fassen, der nichts mit ihm zu tun hat. Selbst nachts verfolgt einen dieser Virus bis in die Träume. Bei manchen wirkt er sogar bis zum Lebensende. Ein Mittel wurde bisher noch nicht gegen ihn gefunden, doch Gott sei Dank ist die Sache in keiner Weise gesundheitsschädlich.

Tipp

→ Wenn du mit deinen Eltern in die Ferien fährst, sieh dich am Urlaubsort nach Pferden um. Sicher findest du einen Reitstall, in dem du erste Kontakte knüpfen kannst!

Sicher weißt du längst, wovon hier die Rede ist: vom **Pferde-Virus**!

Nicole Uphoff kam durch Ferien zum Pferd

Viele Leute erwischt er ausgerechnet in den Ferien. Nicole Uphoff zum Beispiel reiste als kleines Mädchen mit ihren Eltern auf die Nordseeinsel Sylt. Am Strand und in den Dünen saß die damals Neunjährige zum ersten Mal auf dem Pferderücken, spürte den Rhythmus der Gangarten, streichelte über samtweiche Nüstern

Dressur-Olympiasiegerin Nicole Uphoff, hier mit ihrem Erfolgspferd Rembrandt, sammelte in den Ferien erste Erfahrungen mit Pferden.

und verwöhnte die Pferde des Verleihstalls mit Äpfeln und Möhren.

Irgendwann da auf Sylt muss es passiert sein. Der berühmte Funke sprang über. Fortan war Nicole Uphoff von den Vierbeinern nicht mehr loszukriegen. Heute hängen vier olympische Goldmedaillen im Dressurreiten bei ihr im Schrank.

Mit Pferden Freundschaft schließen

Das Gute an Ferien ist, dass man reichlich Zeit hat. Und die braucht man auch, will man sich mit solch edlen und anspruchsvollen Tieren wie den Pferden beschäftigen. Wer mit Pferden zu tun hat, lernt nie aus.

Deswegen solltest du deine Ferienzeit nutzen, um soviel wie möglich über die Welt der Pferde zu erfahren.

→ Du kannst etwa schon früh am Morgen zum Stall radeln und beim **Füttern helfen**.

→ Beobachte die Gewohnheiten und Ausdrucksmöglichkeiten von **Pferden** und schließe Freundschaft mit ihnen.

Was gibt es Schöneres, als von einem hellen Wiehern begrüßt zu werden, wenn du in den Stall kommst und die Pferde dich schon am Schritt erkennen? Bis es soweit ist, dass eine ganze Herde auf deinen Pfiff hin an den Koppelzaun galoppiert kommt, musst du ihnen schon ziemlich am Herzen liegen. Aber nichts ist unmöglich!

Die Welt mit Pferden entdecken

Gerade in den Ferien hat man Zeit, sich ausgiebig der Pflege von Pferden zu widmen. Und viele machen ihren Traum wahr, die Welt vom Rücken eines Pferdes aus zu entdecken. Wenn du noch nie im Sattel gesessen hast, bieten sich Reiterferien für Anfänger an. In kurzer Zeit lernst du dabei zusammen mit Gleichaltrigen die Grundbegriffe des Pferdesports. Ein Profi wird man so schnell natürlich nicht. Aber schließlich lässt sich das Erlernte im örtlichen Reiterverein noch vervollkommnen.

Wer damit liebäugelt, später einen Pferdeberuf zu ergreifen, kann in den Ferien ein Praktikum absolvieren. Aber auch Ausflüge zu Gestüten und Turnieren können aus deinen Ferien etwas ganz Besonderes machen.

Reiterferien: Welche Möglichkeiten gibt es?

Vielleicht träumst du davon, mit einem schneeweißen Araberhengst durch die Weiten der Wüste zu galoppieren. Oder mit hartgesottenen Cowboys eine Herde Rinder durch die Ebenen des Wilden Westens zu treiben. Aber dann musst du erkennen, dass es vielleicht noch Jahre dauert, bevor dein Wunsch in Erfüllung geht. So ein Trip nach Amerika oder Afrika ist schließlich nicht ganz billig. Wahrscheinlich werden dich deine Eltern auch gar nicht reisen lassen, bevor du ein gewisses Alter erreicht hast. Mach dir nichts daraus. Erstens ist aufgeschoben nicht aufgehoben, und zweitens kann das Pferde-Abenteuer, das du dir erhoffst, jetzt gerade genau vor deiner Haustür beginnen.

Tipp

→ Frag in deiner Klasse, im Sport- oder Reitverein andere Kinder und Jugendliche nach Tipps für Reiterferien.

Das Abenteuer wartet vor deiner Haustür

→ Warum schnupperst du nicht die erste Stall-Luft im Reitverein oder Ponyhof deiner Stadt?

Auch hier erwartet dich die aufregende Welt der Pferde. Niemand muss Tausende von Kilometern reisen, um den Zauber eines morgentlichen Ausritts durch den erwachenden Wald zu erleben. Die Sehnsucht danach, tiefer in das Leben der geliebten Vierbeiner einzudringen, lässt sich in deinem Heimatort ebenso erfüllen, wie an einem entfernteren Urlaubsziel.

Du selbst hältst den Schlüssel in den Händen, der dir das magische Reich der Pferde öffnet.

Welche Möglichkeiten bieten sich also, die Ferien mit **Pferde-Erlebnissen** zu verbinden?

Bei Reiterferien kannst du

- Lernen, wie man reitet und mit Pferden umgeht
- Fortschritte im Reiten machen und deinen Stil weiterentwickeln
- neue Reitweisen wie etwa das **Westernreiten** kennenlernen
- Kutsche fahren
- Lehrgänge absolvieren und **Abzeichen** erringen
- an Ausritten teilnehmen
- mehrtägige Wanderritte unternehmen
- mit deinem eigenen Pferd verreisen

Freundschaften fürs Leben

Langweilig wird es in den Reiterferien niemals. Mit Pferden und Ponys kannst du dich den ganzen Tag beschäftigen und fragst dich am Abend, wo bloss die Zeit geblieben ist.

Nebenbei erwarten dich viele spannende und lustige Ereignisse, Ausflüge, Abende am Lagerfeuer und vieles mehr. Kein Wunder also, dass es bei Reiterferien so viele Wiederholungsgäste gibt.

Du brauchst keine Sorge haben, allein in die Ferien zu reisen. Auf dem **Reiterhof** oder beim **Wanderritt** findest du vom ersten Tag an Anschluss. Schließlich sind hier alle Feriengäste vom Pferdebazillus befallen, und Gesprächsthemen ergeben sich ganz von selbst.

Wer weiß, vielleicht begegnet dir in den Reiterferien nicht nur das Pferd deines Lebens, sondern auch deine zukünftige beste Freundin oder dein bester Freund. Die Chancen stehen jedenfalls nicht schlecht!

Ferienangebote: Vom Reiterhof zum Wanderritt

Angebote von Reiterferien gibt es inzwischen wie Sand am Meer. Damit du bei den vielen verschiedenen Möglichkeiten am Ende nicht total verwirrt bist, kannst du dir hier einen Überblick verschaffen.
Reiterferien kannst du etwa

- auf dem **Bauernhof**
- auf dem **Reiter- oder Ponyhof**
- in einer **Landesreit- und Fahrschule**
- bei einem **Wanderritt**

verbringen.

Ferien auf dem Bauernhof

Unter der Rubrik „Reiterferien" reihen sich im **Anzeigenteil** der Zeitungen die unterschiedlichsten Offerten. Zum Beispiel der Urlaub auf dem Bauernhof. Natürlich kannst du auf einem Bauernhof auch erfolgreich Reiten lernen, manchmal besteht das Pferdeangebot aber auch nur aus zwei Shetlandponys. Auf ihnen werden die Ferienkinder dann täglich eine halbe Stunde spazierengeführt...

Tipp

→ Dein Traum sind Reiterferien? Dann solltest du dir genau überlegen, welche Art dir am meisten Spaß bereiten würde!

→ Informiere dich am besten genau über das Reitangebot des Gastgebers.

Reiter- und Ponyhöfe

Auf einem Reiterhof erwartet dich täglich **Unterricht** auf Pferden.

Außerdem lernst du, wie man mit Pferden umgeht, wie man sie **pflegt**, **aufzäumt** und **sattelt**.

Es gibt Reiterhöfe nur für Kinder und Jugendliche, manche sogar nur für Mädchen und andere, auf denen Kinder und Erwachsene gemeinsam das Reiten lernen. Fast immer bieten Reiterhöfe abwechslungsreiche Programme mit **Schwimmen**, **Ausflügen** und **Spielen** an.

Teilweise können die Gäste an **Lehrgängen** in Dressur, Springen, Geländereiten oder Kutschenfahren teilnehmen, sich von Richtern prüfen lassen und zum Schluss ein **Abzeichen** mit nach Hause nehmen.

Landesreit- und Fahrschulen

In den Landesreitschulen geht es nicht so locker wie auf den Reiterhöfen zu. Hier steht das **Reitenlernen** oder die **Verbesserung des Reitstils** an erster Stelle. Da kann es hin und wieder schon etwas strenger zugehen. Statt Spiele und Lagerfeuer besteht das Rahmenprogramm aus **Theorie-**

Beim Wanderreiten geht es mit dem Pferd stundenlang ins Gelände.

stunden und **Stallausmisten**.

Vor allem in den Ferien locken diese Schulen mit leichten und schweren **Lehrgängen**, die mit den entsprechenden **Abzeichen** belohnt werden.

→ Wenn du viel lernen willst, bist du in einer Landesreitschule gut aufgehoben.

Wanderritte

Wanderreiten bedeutet für viele Pferdefreunde schlichtweg die Krönung. Jeden Morgen satteln sie die Pferde ihres Feriengastgebers und ziehen los, reiten stundenlang durch Wälder und Wiesen, halten ein Picknick unter alten Bäumen ab oder schlafen sogar bei ihren Pferden im Stroh.

Wanderritte werden inzwischen auf der ganzen Welt angeboten.

→ Du kannst einen Tag oder mehrere Wochen unterwegs sein.

Allerdings wird eine gewisse **Sattelfestigkeit**, **Wissen** rund ums Pferd und eine gute **Kondition** vorausgesetzt.

Anfänger sollten sich diese abenteuerliche Art des Urlaubs also noch ein wenig aufsparen und lieber zuerst das Reiten lernen, bevor sie die Welt vom Pferdesattel aus erobern.

Ferienlehrgänge

Viele Reit- und Fahrvereine bieten für ihre jugendlichen Mitglieder und auch für Reiter aus der Umgebung in den Ferien **Lehrgänge** an, oft auch mit **Abzeichenabnahme**. In diesem Fall kannst du dir die Kosten für die Unterbringung sparen und trotzdem einen erlebnisreichen Reiterurlaub verbringen.

Wie und wo finde ich das richtige Angebot?

„Reiterhof Silberwald: Unvergessliche Ferienerlebnisse für pferdebegeisterte Mädchen und Jungen im Bayerischen Wald. Nähere Informationen unter Tel…“

Solche **Anzeigen** findest du in den **Wochenendausgaben** der meisten Tageszeitungen sowie in sämtlichen Fachmagazinen für Reiter. Das Blättern im Anzeigenteil ist eine Möglichkeit, sich Angebote herauszusuchen. Vor allem in den Fachzeitschriften wird der Reiterurlaub sogar schon in verschiedene Rubriken wie

- **Ferien im Sattel**
- **Unterricht**
- **Wanderreiten**

vorgestellt. Praktisch ist es auch, wenn die Reiterhöfe nach Bundesländern sortiert sind.

→ Unter den angegebenen Adressen und Telefonnummern kannst du dir ausführliches **Informationsmaterial** und **Prospekte** nach Hause schicken lassen.

Tipp

→ **Sammel so viele Informationen wie möglich, bevor du dich für ein Angebot entscheidest!**

FN-Urlaubsplaner „Urlaub im Sattel“

Eine Übersicht anerkannter Ausbildungsbetriebe, die Reiterferien anbieten, enthält der Urlaubsplaner der Deutschen Reiterlichen Vereinigung (FN).

In diesem Büchlein mit dem Titel **„Urlaub im Sattel“** findest du die Beschreibungen und Adressen von knapp hundert Reiterhöfen in ganz Deutschland.

Auf Pferdemessen informieren

Auge in Auge den Betreibern von Reiter- und Ponyhöfen stehst du bei vielen **Pferdemessen** gegenüber. Die Betriebe präsentieren sich mit Fotos und Prospekten.

Und natürlich kannst du an ihren Messeständen all die Fragen loswerden, die du wegen deiner geplanten Reiterferien auf dem Herzen hast.

Reiterferien aus dem Katalog

Weil Reiterferien so überaus beliebt sind und immer mehr Menschen ihren Urlaub mit den geliebten Vierbeinern verbringen wollen, gibt es inzwischen sogar einige **professionelle Veranstalter** von **Reiterreisen** weltweit.

In ihren **Katalogen** findest du die unterschiedlichsten Angebote – vom Ponyhof in der Lüneburger Heide bis zur Ranch in Arizona. Auch hier bucht man den Urlaub meist pauschal. Das heißt: Unterkunft, Mahlzeiten, Reiten und Rahmenprogramm, manchmal sogar die An- und Abreise sind im Preis enthalten.

Reiterferien in Deutschland

Falls für dich schon feststeht, dass du deine Ferien auf jeden Fall in Bayern (oder Nordrhein-Westfalen oder Schleswig-Holstein ...) verbringen wirst, kannst du auch an den jeweiligen **Fremdenverkehrsverband** schreiben und um eine Adressenliste von Reiterhöfen bitten. Die wird dir normalerweise kostenlos zugeschickt.

Nicht die schlechteste Art, den passenden Reiterhof zu finden, ist sicherlich die gezielte **Nachfrage** bei Freunden und Bekannten.

Wie suche ich das passende Angebot aus?

Da sitzt du nun vor einem Stapel von Prospekten und Katalogen mit den schönsten Fotos und den größten Versprechungen – und kannst dich nicht entscheiden.

→ Damit die Reiterferien auch wirklich zum Traumurlaub für dich werden, solltest du als Erstes eine persönliche **Checkliste** anlegen!

Tipp

→ Versuche deine eigenen Reitkünste objektiv einzuschätzen. Es macht keinen Spaß, auf einem Reittrip total überfordert oder unterfordert zu sein.

Die wichtigsten Fragen, die du dir absolut ehrlich beantworten solltest, lauten:

- Was kann ich wirklich?
- Wie weit bin ich reiterlich ausgebildet?
- Wieviel Erfahrung habe ich im Umgang mit Pferden?
- Bin ich eher mutig oder eher ängstlich?

→ Falls du Schwierigkeiten bei der Beantwortung dieser persönlichen Fragen hast, könntest du eine Reiterfreundin um ihre Meinung fragen. Als nächstes solltest du dir überlegen:

Was will ich ?

- Reiten lernen bzw. eine qualifizierte **Ausbildung**?
- in schönem **Gelände** ausreiten?
- ein „eigenes" **Pflegepferd** betreuen und reiten?
- Abenteuer mit Pferden in freier Natur erleben?

Ganz wichtig ist natürlich auch die Frage:

Wohin will ich?

- am liebsten in der Nähe deines Wohnortes bleiben?
- Reiterferien in Deutschland, aber nicht in der Nähe?
- Reiterferien im Ausland, um nebenbei auch die Sprache besser zu lernen?

Hierbei solltest du die Vor- und Nachteile besonders gut gegeneinander abwägen. Entscheidest du dich für einen Reiterhof in der Nähe, kannst du dort schon vor den Ferien einmal zur Probe vorbeischauen. Bei einem Reiterhof, der weiter entfernt liegt, kannst du

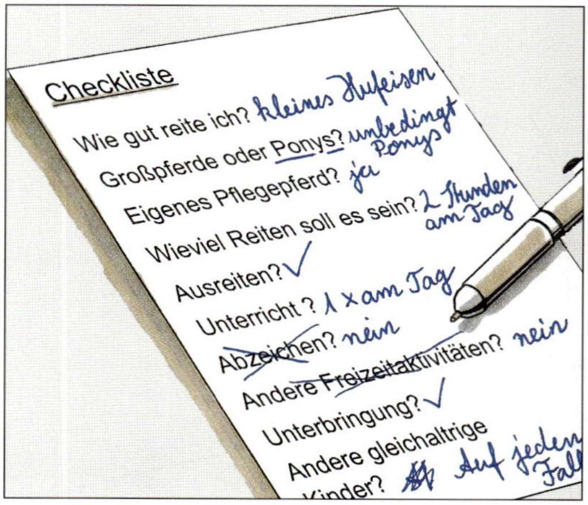

Ein Traum geht in Erfüllung: In den Reiterferien wird das eigene Pflegepferd betreut und geritten.

dagegen eine andere Landschaft, einen anderen Menschenschlag kennenlernen. Schließlich geht es noch darum,

Was erwarte ich von meinen Reiterferien?

- Möchtest du neue Freunde und Freundinnen kennenlernen?
- Freust du dich auf Spiele, Ausflüge, Grillen am Lagerfeuer?
- Möchtest du auf bestimmten **Pferde-** oder **Ponyrassen** reiten?
- Hast du Lust eine andere Reitweise wie etwa das **Westernreiten** kennenzulernen?
- Möchtest du ein **Abzeichen** erwerben?
- Möchtest du täglich viel oder wenig Reiten?
- Möchtest du **Einzel-** oder **Gruppenunterricht**?
- Möchtest du dich auf eine bestimmte Disziplin wie **Dressur** oder **Springen** spezialisieren?
- Möchtest du in einer **Reithalle** oder draußen reiten?
- Welche Art der Unterbringung würde dir am meisten gefallen?

Hast du all diese Fragen ehrlich beantwortet und dir damit eine eigene Checkliste erstellt, kannst du sicher schon einige Angebote von deiner Liste streichen.

Wie du unter den übriggebliebenen Betrieben deine Traumferien herausfindest, erfährst du im nächsten Kapitel.

Wie überprüfe ich das Angebot?

Um völlig auf Nummer sicher zu gehen, den richtigen Reiterhof für deine Ferien ausgesucht zu haben, solltest du ihn vorher in aller Ruhe besichtigen.

Tipp

→ Überrede deine Eltern zu einem Besuchstermin auf dem ausgewählten Reiterhof.

Das lässt sich natürlich am besten machen, wenn er nicht allzuweit von deinem Wohnort entfernt liegt.

→ Vielleicht kannst du deine Eltern überreden, den auserwählten Reiterhof an einem Wochenende anzusehen.

Ein seriöser Ferienanbieter wird nichts dagegen haben und nach telefonischer Absprache gerne die Anlage zeigen.

Ein gepflegter Eindruck

Damit du in den Ferien glücklich wirst, sollte dir der Reiterhof auf den ersten Blick gefallen. Er sollte einen ordentlichen und gepflegten Eindruck machen – von den Pferdeställen bis zu den Gästezimmern. Als Zeichen für geprüfte Qualität gilt das offizielle FN-Schild am Reiterhof. Hier noch ein paar Tipps, worauf du beim Blick „hinter die Kulissen“ achten solltest:

Die Pferde und Ponys

- Gibt es Pferde und Ponys in verschiedenen Größen und mit unterschiedlichen Temperamenten?
- Machen die Pferde und Ponys einen gesunden, zufriedenen und gutgenährten Eindruck?
- Werden sie artgerecht gehalten, bekommen sie täglich genügend Auslauf auf Weiden oder Paddocks?
- Sind die Pferdeställe hell, luftig, groß genug und sauber eingestreut?
- Sind die Pferde brav im Umgang, beim Putzen und beim Satteln?
- Machen die Pferde auch unter dem Reiter einen guten Eindruck oder sehen sie eher unrittig aus?

Auf einem guten Reiterhof leben die Pferde in hellen, großen und luftigen Boxen. Die Anlage sollte einen gepflegten Eindruck machen.

Die Besitzer des Reiterhofs

Wichtig sind ebenso die Menschen, die den Reiterhof betreiben.

- Haben sie eine nette Art mit den Kindern umzugehen?
- Behandeln sie die Pferde gut?
- Glaubst du, du könntest dich unter ihrer Obhut wohlfühlen?

Lust auf Abwechslung?

Schön ist es, wenn es auf dem Reiterhof auch noch andere Tiere außer Pferde gibt – vielleicht Hunde, Katzen oder eine Ziege.

Auch wenn du am liebsten den ganzen Tag mit Pferden zusammensein möchtest, hast du irgendwann vielleicht doch Lust auf ein wenig Abwechslung.

→ Bei deinem Besuch auf dem Reiterhof kannst du bereits abchecken, ob es **Freizeiteinrichtungen** in der Nähe gibt.

Erkundige dich bei deinen künftigen Gastgebern nach Badeanstalten, Kinos und Ausflugszielen in der Umgebung!

Ein Tag auf dem Reiterhof

„Guten Morgen! Raus aus den Federn!“ weckt die fröhliche Stimme von Monika die Ferienkinder auf dem Reiterhof. Verschlafen reiben sich die Mädchen die Augen. Abends war es doch ziemlich spät geworden. Im Bett hatten sie die Ereignisse des Tages noch einmal ausführlich besprochen, geflüstert und gekichert – über **Reitstunden**, Pferde und andere Ferienkinder. „Ich erwarte euch im Stall!“, ruft Monika noch, bevor sie die Kinder im nächsten Zimmer weckt. Im Nu schlüpfen die Mädchen in Jeans und T-Shirts, verschwinden kurz im Badezimmer, um wenig später im Stall zu stehen.

Tipp

→ Führe ein Tagebuch über deine Erlebnisse auf dem Reiterhof.

Vor dem Frühstück wird gefüttert

Wie Monika ihnen es am ersten Tag gezeigt hat, helfen sie bei der morgendlichen **Stallarbeit**. Während die Pferde schon ungeduldig mit den Hufen im Stroh scharren, verteilen die Ferienkinder **Hafer** und **Heu**. Mit Mistgabeln und Schubkarren werden die Pferdeäpfel aus den Boxen geholt, frisches Stroh eingestreut und die Stallgasse gefegt. Als alle Pferde zufrieden ihr Futter kauen, kein Strohhalm mehr auf der Stallgasse liegt, verabschieden sich die Kinder fürs Erste von ihren Vierbeinern. Jetzt gibt's **Frühstück** für die Menschen!

Reitunterricht am Vormittag

Gleich nach der ersten Mahlzeit geht's zurück in den Stall, wo die Pferde geputzt und gesattelt werden. Anschließend ist **Unterricht** in der

Zum Urlaub auf dem Reiterhof zählen auch Dressurstunden in der Reitbahn.

Reitbahn angesagt. Monika kümmert sich um jeden einzelnen Reiter. **Anfänger** fühlen sich von ihr ebenso gut betreut wie **Fortgeschrittene**. Nach dem Reiten werden die Pferde erneut versorgt. Und bald ist schon wieder Zeit fürs Mittagessen!

Nachmittags wird ausgeritten

Während die Pferde ihre Pause genießen, haben auch die Kinder nun Zeit zur freien Verfügung. Langweilig wird es da aber nicht, schließlich gibt es auf einem Reiterhof immer etwas zu erleben. Nachmittags wird außerdem **ausgeritten**. Und bevor das Abendbrot lockt, finden sich die Kinder erneut zum abendlichen **Füttern** im Stall ein.

Gedrückt hat sich vor der Arbeit bei den Pferden bisher niemand. Für viele bedeutet das **Pflegen** und **Versorgen** der Vierbeiner sogar genausoviel Spaß wie das Reiten selbst!

Natürlich sieht so ein Ferientag nicht auf jedem Reiterhof gleich aus. In manchen Betrieben helfen die Kinder nicht beim Füttern, es wird mehr oder weniger geritten. Aber auf vielen Reiterhöfen läuft ein ähnliches Programm, wie hier beschrieben, ab.

Regelmäßig wird auch theoretischer Unterricht angeboten.

Die „Sahnestückchen" der Reiterferien

Vielleicht reicht es dir schon, bei deinen Ferien auf dem Reiterhof den ganzen Tag lang mit den geliebten Vierbeinern zusammen zu sein und zu reiten. Meistens lassen sich die Gastgeber aber noch einige Überraschungen für ihre Ferienkinder einfallen, die den Urlaub zusätzlich würzen.

Tipp

→ Vergiss nicht, einen Fotoapparat mit in die Reiterferien zu nehmen.

Mit Pferden schwimmen

→ Falls du im Sommer auf den Reiterhof fährst, gehen die Gäste zum Beispiel zusammen zum Schwimmen ins Freibad.

Manchmal gehört sogar ein kleiner See oder eine sogenannte **Pferdeschwemme** zum Hof. Mit Erlaubnis der Eigentümer dürfen die Ferienkinder hier gemeinsam mit ihren (Ferien-) Pferden ins Wasser reiten.

Während manche Vierbeiner das Schwimmen eher ein bisschen unheimlich finden, erweisen sich andere als wahre Wasserratten. Auf jeden Fall ist ein Bad mit Pferden ein Erlebnis, das man nicht alle Tage hat!

Beim Geschicklichkeitsturnier nutzen auch die Kleinsten ihre Chance auf den Sieg.

Romantisch: Ausflüge im Planwagen

Viele Reiterhöfe bieten Ausflüge mit dem **Planwagen** an. Wie anno dazumal geht es dann mit der Pferdekutsche durch Wald und Feld zum romantischen Picknick auf der Wiese!

Wenn du Glück hast, darfst du vielleicht selbst einmal für kurze Zeit die Leinen in der Hand halten. Auf jeden Fall ist es spannend, den Pferdegeschichten des Kutschers vorne auf dem Bock zu lauschen.

Geschicklichkeitsturniere

→ Selbst wenn du es noch nicht zum Turnierreiter gebracht hast, kannst du auf vielen Reiterhöfen an **Geschicklichkeitsturnieren** teilnehmen.

Solche Wettbewerbe können zum Beispiel darin bestehen, so schnell wie möglich durch eine **Tonnenreihe** im Slalom zu reiten und dieselbe Strecke auch noch einmal zu Fuß zurückzulegen. Oder die Teilnehmer balancieren einen Apfel in einer Suppenkelle, während sie eine bestimmte Strecke reiten.

„Beiß den Apfel!“ heißt ein Spiel, bei dem die Reiter auf dem Pferd sitzen und dabei – ohne die Hände zu Hilfe zu nehmen – in einen Apfel beißen müssen, der an einem Baum hängt. Hört sich einfach an, ist es aber nicht!

Disco und Karaoke

Ein abwechslungsreiches Programm erwartet Feriengäste auch abends. Oft treffen sich die Kinder zu Spielen und Basteleien im Aufenthaltsraum. Manchmal werden abends noch **Theoriestunden** angeboten, für all jene, die noch mehr über die Welt der Pferde, über Haltung, Zucht und Reiterei, erfahren möchten. Sogar Discoabende und Karaoke-Shows für Kinder zählen bei etlichen Reiterhöfen zum festen Angebot.

Unvergessliche Ferienerlebnisse

Das flackernde Licht des Lagerfeuers wirft unheimliche Schatten und die Kinder ringsum rücken dichter beisammen. „Gerade die richtige Zeit für eine Geistergeschichte!“, findet Christian, Stalljunge auf dem Reiterhof, und erzählt seinen Ferienkindern die Legende der weißen Frau, die angeblich in der Burgruine unweit des Reiterhofs spukt...

Spukgeschichten am Lagerfeuer

Katja und Lisa gruselt es noch ein wenig, als sie schon längst in ihren Betten liegen. Diese Nacht werden sie nie vergessen! Während die Pferde und Ponys auf ihrer Weide grasten, hatten alle Ferienkinder vom Reiterhof draußen gegrillt, Kartoffelsalat und Würstchen gegessen.

Tipp

→ Frage bei einem Probebesuch auf dem Reiterhof nach ungewöhnlichen Erlebnissen für Reiter!

Als sich dann langsam die Dunkelheit über das Land senkte, hatten sie sich ums Feuer geschart und abenteuerliche Geschichten erzählt. Klar, dass in den meisten auch mindestens ein Pferd vorkam...

Ritt durch die Sommernacht

Markus und Michael fanden das Lagerfeuer zwar auch ganz nett, schwärmen aber noch viel mehr vom **Nachtritt** auf dem Reiterhof.

Der Chef der Anlage hatte alle **Fortgeschrittenen** dazu eingeladen. Gegen zehn Uhr abends waren sie in den Stall gegangen, wo die Pferde ziemlich verblüfft schauten. So spät hatten sie wohl nicht mehr mit Reiterbesuch gerechnet!

Nur die Sterne funkelten

Um sich gleich an die Dunkelheit zu gewöhnen, hatten sie die Pferde im schwachen Schein von Taschenlampen aufgetrenst und gesattelt und waren in die Nacht hinausgeritten. Stockdunkel war es, als sie im Schritt den Hof verließen.

Das Klappern der Hufeisen auf dem Weg erschien ihnen deutlich lauter als tagsüber. Der Geruch des Waldes war intensiver, und irgendwie leuchteten die Sterne noch viel schöner als sonst.

Die Pferde waren die Ruhe selbst, fanden den richtigen Weg mit schlafwandlerischer Sicherheit. Kaum jemand sprach auf dem **Ausritt** durch die warme Sommernacht. Und niemand wird ihn jemals vergessen.

Eine Nacht im Heu

Solche Erlebnisse sind natürlich nicht selbstverständlich. Doch es gibt Reiterhöfe, die sich solch ungewöhnliche

Dinge wie Nachtritte oder Abende am Lagerfeuer einfallen lassen.

→ Vielleicht wirst du bei deinen Reiterferien eine **Nacht im Heu** verbringen?

Am nächsten Morgen wirst du einiges zu erzählen haben: über schnarchende Pferde, unheimliches Rascheln oder den Besuch einer kleinen Katze um Mitternacht! Spannend geht's übrigens auch beim **Zeltlager** zu.

Statt wie gewöhnlich im Bett, übernachtest du zusammen mit den anderen Ferienkindern in Zelten auf der Pferdeweide. Da fühlt man sich schnell wie im Winnetou-Film!

Eine Fohlengeburt

Solltest du deine Reiterferien auf einem Gestüt verbringen, kann es sogar passieren, daß du die Geburt eines Fohlen miterlebst. Meist passieren diese aufregenden Ereignisse allerdings mitten in der Nacht. Wenn du eine Fohlengeburt beobachten kannst, bist du wirklich ein Glückspilz. Dieses Erlebnis wirst du sicher niemals vergessen!

Abzeichenlehrgänge: Vom Kleinen Hufeisen bis zum Reiterabzeichen

Viele Reiterhöfe bieten die Möglichkeit, während der Ferien an einem **Reitlehrgang** teilzunehmen, der mit einem Abzeichen belohnt wird. Die Anforderungen, die hierbei gestellt werden, sind je nach **Abzeichen** unterschiedlich und werden von der **Deutschen Reiterlichen Vereinigung** (FN) vorgeschrieben.

Tipp

→ Wenn du die Gelegenheit hast, bei deinen Reiterferien ein Abzeichen zu erwerben, dann greif zu.

Das Kleine & das Große Hufeisen

Für Kinder, die noch nicht so lange reiten, bietet sich das **„Kleine Hufeisen“** an. Teilnehmen dürfen alle, die im laufenden Kalenderjahr nicht älter als 18 Jahre alt werden. Nach einem entsprechenden Lehrgang beweisen sich die Kinder in drei Teilprüfungen:

- **Umgang** mit dem Pferd
- Praktisches **Reiten**
- **Theorie**

Geprüft wird beispielsweise das **Aufhalftern**, **Führen** und **Putzen** eines Pferdes. In der Theorie werden die Prüflinge vielleicht gefragt, welche **Hufschlagfiguren** und **Kommandos** oder welche Pferderassen sie kennen.

In der praktischen Prüfung des Kleinen Hufeisens werden nur die Grundkenntnisse des Reitens verlangt.

Beim Großen Hufeisen dagegen gilt es, einen Dressurreiterwettbewerb und das Springen kleiner Hindernisse zu zeigen.

Die Reiternadel:

Ein ähnliches Pensum wie beim Großen Hufeisen erwartet einen bei der Prüfung zur Reiternadel. Diesmal können aber auch Erwachsene ab 19 Jahren teilnehmen.
Wiederum stehen

- **Theorie**
- **Umgang** mit dem Pferd
- das Reiten einer **Dressuraufgabe**
- oder das Überwinden niedriger Hindernisse auf dem Programm.

Auch das Putzen und Hufauskratzen können beim Kleinen Hufeisen geprüft werden.

Wer das Kleine Hufeisen erwerben möchte, muss zeigen, dass er sattelfest ist.

Der Reiterpass:

Als eine Art Führerschein fürs Geländereiten erweist sich der **Reiterpass**. Dieser Ausweis mit der dazugehörigen Anstecknadel bestätigt, dass sein Besitzer fit für das Reiten in Wald und Feld ist.

Bei der Prüfung muss der Reiter sein Pferd im Schritt, Trab und Galopp sicher beherrschen. Dazu gehört auch, dass er im Gelände ein Stück von der Gruppe wegreiten muss, bergauf und bergab klettert und vielleicht auch ein kleines **Geländehindernis** überwindet.

In der Theorie fragen die Richter neben dem allgemeinen Grundwissen über Pferde auch nach typischen Problemen im Gelände: etwa nach **Giftpflanzen** oder dem Verhalten bei Unfällen.

Die Reiterabzeichen:

Schon fast etwas für Profis sind die **Leistungsabzeichen** für **Reiten**, **Fahren** und **Voltigieren**. Für all jene, die auf einem Turnier in der Kategorie B starten möchten, sind diese Prüfungen sogar Pflicht. In der Eingangsstufe „Kleines Reiterabzeichen" müssen beispielsweise eine E-Dressur und ein Springparcours mit Hindernissen bis zu 90 cm überwunden werden.

Auch für die Leistungsabzeichen organisieren die Reiterhöfe Lehrgänge, diese dauern aber meistens drei Wochen.

Ein Tag in einer Landesreitschule

Um sechs Uhr rasselt der Wecker, und die Feriengäste der Landesreitschule wanken schlaftrunken aus ihren Betten. Eine halbe Stunde später ist die Müdigkeit wie weggeputzt, denn jetzt wird die Forke geschwungen. Jeder Morgen des Ferienlehrganges beginnt mit einer Stunde Stalldienst. Da wird beim Füttern der Pferde geholfen, eingestreut und gefegt, bevor es dann endlich auch Kaffee und das wohlverdiente Frühstück für die Reiter gibt.

Tipp

Überlege dir vor deinen Reiterferien genau, ob du eher reiterliche Fortbildung oder Spiel und Spaß in lockerer Atmosphäre erfahren möchtest!

Schwerpunkt Ausbildung

Bei den Fachschulen für Reiten, Fahren und Voltigieren liegt der Schwerpunkt ganz eindeutig auf einer fachlich hervorragenden Ausbildung des Reiters. „Vor den Erfolg hat der liebe Gott den Schweiß gesetzt" – an diesen wohlbekannten Spruch mögen Feriengäste einer Landesreitschule sicher öfters denken.

Statt erholsamer Ausritte im Grünen schwitzen sie unter den strengen Augen eines Reitlehrers, der hochgezogene Hacken oder krumme Rücken unerbittlich korrigiert.

Theorie und Praxis

Der Tag ist ausgefüllt mit Lernen und Arbeiten rund ums Pferd. So kann zum Beispiel morgens Dressurunterricht auf dem

In einer Landesreitschule wird großer Wert auf einen vorbildlichen Sitz gelegt.

Programm stehen. Mittags wird wiederum gefüttert, nachmittags **Theorie** gepaukt und zur **Springstunde** gesattelt. Vor dem eigenen Abendessen treten die Reiter nochmals zum **Stalldienst** an, und abends hören sich die Schüler gegenseitig die Reitlehre ab.

An Ausruhen ist in einer solchen Reitschule eher wenig zu denken.

Erfolge lassen grüßen

→ Wenn ein Kursus in einer Landesreitschule auch nicht immer das wahre Zuckerschlecken bedeutet, so kannst du dir jedoch sicher sein, dass dir ein solcher Kurs reiterlich eine ganze Menge bringt.

Manch einer schafft durch einen solchen Lehrgang den Sprung in eine höhere Klasse. Hat er vorher beispielsweise nur **Jugendreiterprüfung** geritten, ist er nach dem Kurs vielleicht schon fit für eine **E-Dressur**. Und natürlich gibt ein solcher Lehrgang wichtige Anstöße für das tägliche Training zu Hause.

→ Vielleicht gelingt es dir sogar, einen hartnäckigen, alten Reitfehler durch den Kursus endlich zu beseitigen.

Lehrgänge mit Abzeichen

Gerade in den Schulferien bieten diese Schulen oft **Lehrgänge** mit anschließender **Abzeichenprüfung** an.

Ein äußerst qualifizierter **Unterricht** und Schulpferde, die sehr gut ausgebildet sind und eine Menge Routine besitzen, helfen dir dabei, die Prüfungen zu bestehen.

Mit dem Besen wird die Stallgasse ausgefegt.

Mit der Mistgabel werden täglich die Pferdeäpfel aus der Box geholt.

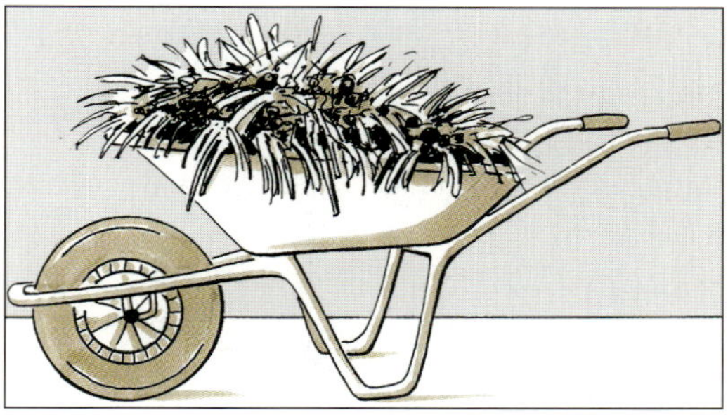

Von der Box beförderst du den Mist zunächst in die Mistkarre.

→ Wenn du möchtest, kannst du natürlich auch dein eigenes Pferd oder Pony mitbringen.

Ein besonders historisches Flair besitzen Landesreit- und Fahrschulen, die sich in einem **Landgestüt** befinden. Solche Schulen gibt es etwa in Warendorf (Westfalen), Marbach (Baden-Württemberg), Dillenburg (Hessen), Neustadt/Dosse (Brandenburg), Redefin (Mecklenburg), Moritzburg (Sachsen) und Radegast (Sachsen-Anhalt). Die Adressen aller Landesreit- und Fahrschulen kannst du bei der Deutschen Reiterlichen Vereinigung (FN) in Warendorf erfragen.

Kurse in Spezialreitweisen

Wie eine Lokomotive schnauft Dusty über die Ovalbahn. Die dichte Mähne des Islandpferdes wippt. Die kleinen, harten Hufe berühren kaum den Boden, da heben sie auch schon wieder ab. „Sehr gut, Melanie!“, lobt die Reitlehrerin am Rande der Bahn, „dafür, dass du heute erst zum zweiten Mal Tölt reitest, klappt es hervorragend!“

Zum ersten Mal im Tölt
Das Mädchen im Sattel von Dusty strahlt. Zum Reitunterricht geht sie nun schon seit drei Jahren, doch was sie auf Dustys Rücken erlebte, war etwas völlig Neues. Klar hatte sie gewusst, dass Isländer neben den drei Grundgangarten Schritt, Trab und Galopp auch noch den Tölt und den Pass beherrschen, aber dass diese beiden Gangarten ein ganz neues Reitgefühl heraufbeschwören, hätte sie nie vermutet.

Tipp

Erkundige dich über das Angebot von Spezialreitweisen und überlege, welcher Stil dir am besten gefallen würde.

Völlig erschütterungsfrei hatte Dusty sie in schnellem Tempo durch die Bahn getragen.

Den Kurs im Islandpferdereiten buchte Melanie in den Ferien auf einem speziellen Reiterhof für Isländer. Auch wenn sie zu Hause in der Reitschule wieder auf Warmblüter umsteigen würde, wollte sie die Erfahrung nicht missen, die sie zusammen mit Dusty gewann.

Andere Reitweisen kennenlernen
Die meisten Reitschulen in Deutschland lehren die klassische Reitweise,

auch englischer Stil genannt. Aber natürlich gibt es noch andere Reitweisen. Ferien sind eine prima Gelegenheit, sie kennenzulernen.

Westernreiten

Um im Westernstil zu reiten, musst du längst nicht mehr nach Amerika fliegen. Überall in Deutschland gibt es mittlerweile Reiterhöfe, wo du im Sattel eines Quarterhorses, so heißen die Pferde der Cowboys, das Westernreiten ausprobieren kannst.

Barockpferdereiten

Absolut in ist seit einiger Zeit das Barockpferdereiten. Auch hier kannst du in den Ferien in speziellen Kursen erfahren, wie man einen Friesen dazu bringt, den berühmten „Spanischen Schritt" auszuführen. Vielleicht siehst du dich schon mit einem edlen Andalusier schwierige Lektionen üben. Auch hier gibt es spezielle Gestüte, die Gäste aufnehmen.

Zirkuslektionen

Selbst Zirkuslektionen und Showtricks mit Pferden kann man inzwischen als Kursus buchen. Welche Ausbilder eine eigene Zirkusschule betreiben oder auf Wunsch zu einem Seminar in den Reitstall kommen, erfährst du im Anzeigenteil von Fachzeitschriften.

Exotische Pferderassen

Die Welt der Pferde besitzt viele Facetten. Gab es früher fast nur deutsche Pferde zwischen Nordsee und Alpen, so fressen inzwischen viele exotische Pferderassen ihren Hafer in Deutschland.

Heute ist es überhaupt kein Problem, einen peruanischen Paso oder einen Araber fernab von seiner Heimat zu reiten. In die typischen Reitweisen, die mit diesen Pferderassen verbunden sind, lässt sich in den Ferien hineinschnuppern.

→ Vielleicht findest du dabei deinen Lieblingsstil!

Barockpferde wie diese wunderschönen Friesen sind wieder groß in Mode.

Wanderreiten: Von Trails, Trecks und Sternritten

Davon träumt fast jeder Reiter irgendwann in seinem Leben: Mit den ersten Sonnenstrahlen aufzustehen, sein Pferd zu satteln, und durch taunasse Wiesen und duftende Wälder zu traben, um das Land zu entdecken, das hinter dem Horizont liegt. Beim **Wanderreiten** sind weder die Kilometer noch die Stunden wichtig, die man zurücklegt. Was zählt ist der Augenblick, den man auf dem Rücken eines schönen Pferdes in freier Natur genießt.

Um solch ein Abenteuer zu bestehen, musst du kein eigenes Pferd besitzen.

> ***Tipp***
>
> → **Wanderreiten ist anstrengend. Teste deine Reit-Kondition, bevor du dich zu einem Trailritt anmeldest!**

Etliche Reiterhöfe auf der ganzen Welt organisieren eintägige oder mehrtägige Wanderritte mit **Verleihpferden**. Wanderreiten wird vielfach auch als

- **Trailreiten** oder
- **Trekking-Reiten** bezeichnet.

Eine Nacht unterm Sternenzelt

Bei mehrtägigen Trailritten sind die Feriengäste unter der Leitung eines erfahrenen **Wanderreitführers** von früh bis spät mit den Pferden unterwegs. Hauptsächlich im **Schritt** streift die Gruppe durch die Landschaft, legt ab und zu einen erfrischenden Galopp ein und rastet bei einem Picknick im Schatten alter Bäume.

Übernachtet wird auf Bauernhöfen, in Gasthöfen, in Zelten oder vielleicht sogar unter dem Sternenzelt. Jeder Reiter versorgt sein Pferd selbst und ist für sein Wohlbefinden verantwortlich. Manche Veranstalter bieten als besonderen Service das **„Reiten ohne Gepäck“** an.

Das heißt, sie bringen dir jeden Abend deinen Koffer ins Quartier. Meistens haben die Reiter jedoch ihre nötigsten Sachen in den **Satteltaschen** dabei und verzichten auf den Luxus, jeden Tag einen anderen Pullover zu tragen.

Jede Nacht im selben Bett beim Sternritt

Wanderreiten und dabei trotzdem jede Nacht im selben Bett schlafen, das ermöglichen die sogenannten **Sternritte**. Dabei starten die Reiter jeden Morgen einen mehrstündigen Ausritt in eine andere Richtung und kehren am Abend zum Reiterhof zurück.

→ Der Vorteil: Sollte dir dein Hinterteil doch einmal etwas wehtun, kannst du ohne Probleme einen Tag mit dem Reiten aussetzen und etwas anderes unternehmen.

Beim Wanderreiten muss vielleicht auch ein Fluss durchquert werden. Die Pferde sind jedoch daran gewöhnt.

Wanderreiten mit dem eigenen Pferd

Natürlich kannst du auch einen Wanderritt mit deinem eigenen Pferd planen. Meist geht das aber nicht ohne die Hilfe von Erwachsenen. Tagesstrecken müssen geplant und Nachtquartiere organisiert werden. Ausserdem ist ein Begleitfahrzeug nötig, um das Gepäck für Reiter und Pferde zu transportieren.

Horsemanship beim Wanderritt

Beim Wanderreiten kommt es weniger darauf an, ein As in Springen und Dressur zu sein.

→ Vielmehr solltest du Kenntnisse im Umgang mit Pferden, eine gute Sattelfestigkeit und Kondition besitzen.

Vor allem kannst du hierbei auch das berühmte **Horsemanship** lernen.

Wer tagelang mit dem Vierbeiner unterwegs ist, versteht bald besser seine Sprache, vertraut ihm und ist bemüht, alles für sein Wohlbefinden zu tun. Denn schließlich macht Wanderreiten auch nur mit einem gesunden und zufriedenen Pferd Spaß.

Tipps für das Reiten im Gelände

Vielleichst hast du bisher nur im Reitunterricht in der Halle geritten und nutzt in den Reiterferien zum ersten Mal die Möglichkeit, auszureiten. Für viele gibt es nichts Schöneres, als bei Vogelgezwitscher und Sonnenschein durch den Wald zu traben.

→ Hier erfährst du schon mal einige Tipps, damit das Reiten im Gelände von Anfang an so gut wie möglich klappt.

Tipp

→ Geht dein Pferd im Gelände durch, dann setz dich mit deinem ganzen Gewicht in den Sattel und versuche mit den Zügeln abwechselnd anzunehmen und nachzugeben.

Beim Galoppieren im Gelände solltest du deinen Vorderreiter auf keinen Fall überholen, weil sonst eine gefährliche Jagd entstehen könnte.

Pferde sind Fluchttiere

Weil Pferde von Natur aus Fluchttiere sind, verhalten sie sich draußen besonders wachsam und erschrecken leicht. Bei manchen Vierbeinern reicht schon ein ungewohntes Geräusch, damit sie scheuen.

Auf einen plötzlichen Satz deines Pferdes solltest du also immer vorbereitet sein und deshalb die Zügel nicht zu lang halten.

Im leichten Sitz

Anders als beim Dressurreiten, schnallst du die Steigbügel im Gelände zwei bis drei Löcher kürzer.

Um den Rücken des Pferdes zu entlasten, wird im Trab leichtgetrabt und im Galopp im leichten Sitz gesessen.

Bergauf und bergab

Beim Bergauf- und Bergabreiten wird der Pferderücken durch den vorgeneigten Oberkörper entlastet. Je steiler der Berg beim Hinaufreiten ist, desto mehr muss der Oberkörper nach vorne geneigt werden.

→ Dabei solltest du nicht im Zügel hängen, sondern dich gegebenenfalls an der Mähne oder am Sattel festhalten.

Pferde mit kurzem Rücken lassen sich bergab oft besser im Stil der Westernreiter mit zurückgelehntem Oberkörper reiten. So fällt es ihnen leichter, die Balance zu halten.

Tempo per Handzeichen

Höchstwahrscheinlich reitest du in den Ferien zusammen mit einer Gruppe aus.

Der Reitlehrer reitet voran und gibt durch **Handzeichen** zu verstehen, welche Gangart angesagt ist. Hält er die Hand für längere Zeit hoch, so wird durchpariert zum **Schritt**, **Trab** oder zum **Halten**.

Der richtige Abstand

Zu deinem Vorderreiter solltest du mindestens **eine Pferdelänge** Abstand halten.

Im Trab oder Galopp sollte der Abstand sogar noch etwas größer sein. So kannst du besser ausweichen, wenn das Pferd vor dir stolpert oder ausrutscht.

Auf keinen Fall sollte der Abstand aber zu groß werden. Das kann passieren, wenn du dein Pferd unterwegs fressen und bummeln lässt. Da kann es geschehen, dass die anderen plötzlich hinter einer Wegbiegung verschwunden sind, und dein Pferd im Rennspurt hinterhergaloppiert.

Achte also darauf, immer den **gleichmäßigen Anschluss** zu bewahren!

Überholen verboten!

Auf keinen Fall darfst du deinen Vorderreiter überholen. Normalerweise bestimmt der Reitlehrer eine bestimmte **Reihenfolge**, die während des Ausritts eingehalten wird. Solltest du im Trab oder Galopp überholen, regen sich die Pferde meist ziemlich auf. So wird aus einem gemütlichen Spazierritt eine wilde Jagd, die gefährlich ausgehen kann!

Vom Helm bis zu den Satteltaschen: Die Ausrüstung der Wanderreiter

Solltest du dich für einen organisierten, mehrtägigen Wanderritt entschieden haben, stellt der Veranstalter die **Ausrüstung** für das Pferd.

Für deine Ausrüstung bist du jedoch selbst zuständig und solltest dir daher schon früh genug Gedanken darüber machen.

Mit der falschen **Reitbekleidung** kannst du dir nämlich den schönsten Wanderritt verderben. Nicht chic, sondern in erster Linie praktisch und bequem sollte sie sein, die Kleidung eines Wanderreiters.

Tipp

Pack die Sachen für die Satteltaschen zuerst in eine Plastiktüte. So bleiben sie auch bei einem längeren Regenritt noch trocken!

Voraussetzung ist eine gut sitzende **Reithose**. Von Jeans ist abzuraten, da die Nähte auf der Innenseite der Oberschenkel nach einer Weile anfangen zu scheuern.

Im „Zwiebellook" aufs Pferd

Bei der Oberbekleidung hat sich das **Zwiebelprinzip** bewährt.

Dabei ziehst du ein **T-Shirt** oder eine dünne **Bluse** unter, darüber einen wärmeren **Pullover**.

So kannst du dich je nach Wetter entsprechend „entblättern".

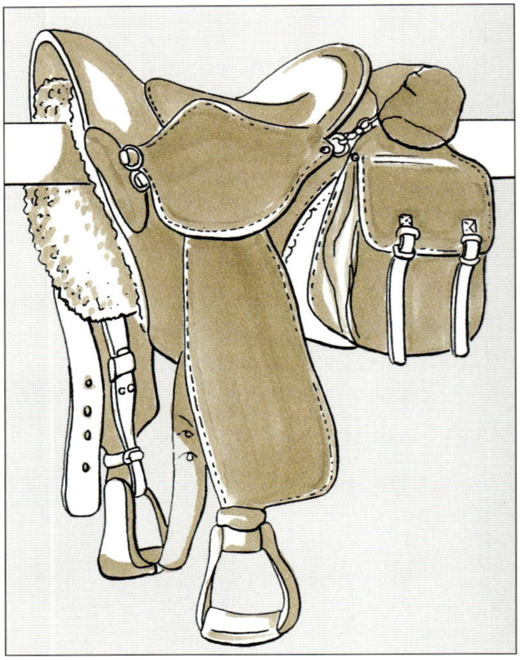

In speziellen Wanderreitsätteln lässt sich stundenlang bequem sitzen. Alle wichtigen Dinge für unterwegs werden in den Satteltaschen verstaut.

Als Regenschutz bieten sich **wasserdichte Regenmäntel** ebenso an wie **nässeabweisende Ponchos**. Beide kann man zusammengerollt hinter dem Sattel festschnüren, wenn die Sonne wieder scheint.

Ganz wichtig: der Reithelm

Ganz wichtig ist die Kopfbedeckung. Am sichersten und auf vielen Wanderritten auch vorgeschrieben ist der **Reithelm** mit **Drei-** oder **Vierpunkt-**

befestigung. Er sollte gut passen und am besten ein DIN-Prüfzeichen besitzen.

→ Nur ein festsitzender Reithelm kann dich zuverlässig vor Kopfverletzungen schützen.

Nebenbei bewahrt ein Helm auch vor Nässe und Sonnenstich.

Besser als Stiefel: Reitschuhe und Chaps

Lederreitstiefel sind fürs Dressur- und Springreiten zwar hervorragend geeignet, fürs Wanderreiten aber eher unpraktisch.

Da du unterwegs auch schon mal Strecken zu Fuß zurücklegst, eignen sich **Reitschuhe** in Verbindung mit **Chaps** viel besser.

Auch wenn du im Sommer in die Reiterferien fährst, solltest du deine

Ein wasserdichter Regenmantel, der auch über die Beine reicht, darf bei keinem Wanderritt fehlen.

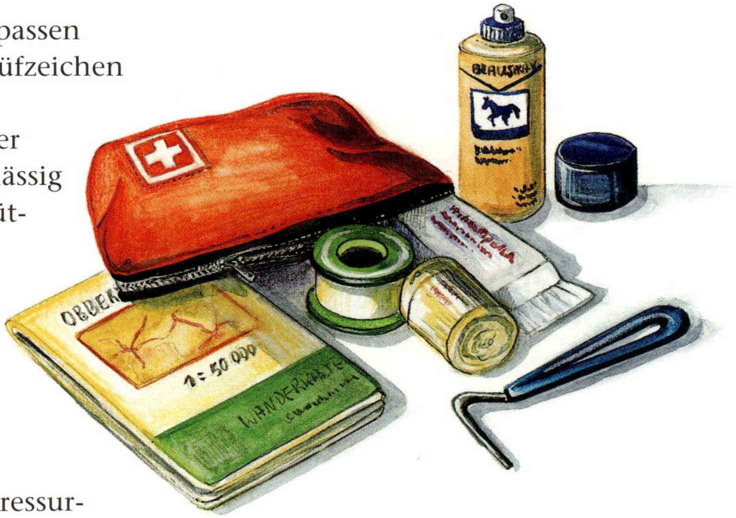

Das gehört auf jeden Fall in die Satteltasche: Erste-Hilfe-Set, Karte, Hufkratzer und Blauspray.

Reithandschuhe auf keinen Fall vergessen. Mit Schwielen oder Blasen an den Fingern macht es nämlich nicht so viel Spaß, die Zügel anzufassen.

Nur das Nötigste mitnehmen

Nimmst du an einem mehrtägigen Trailritt teil, bei dem alle Ausrüstungsgegenstände in ein oder zwei kleinen **Satteltaschen** verstaut werden, so begnüge dich nur mit dem **Allernötigsten** – und das gilt auch für Toilettenartikel.

Seife und Zahnpasta etwa lassen sich auch in kleinen Probiergrößen kaufen und nehmen so weniger Platz weg. Statt einem großen Badelaken tut es auch ein kleines Handtuch. Außerdem ist es besser, nur einen Pullover und ein T-Shirt mitzunehmen und die Sachen unterwegs einmal durchzuwaschen.

Reiterferien im Ausland

Grüne Insel wird Irland gern genannt. Die Heimat schneller **Vollblüter**, das Land der traditionellen **Jagden** ist das Wunschziel vieler Pferdefreunde. Sie träumen davon, auf einem **Irish Hunter** über die Wiesen zu galoppieren, Hecken und Gräben im Sprung zu nehmen und das wunderbare Land im Sattel eines edlen Pferdes zu erobern.

Tipp

Ideen für Reiterurlaub in aller Welt bekommst du in den Katalogen von Reitreisen-Veranstaltern. Erkundige dich im Reisebüro!

Ein Wunsch, den sich sogar zunehmend Jugendliche erfüllen. In Irland können sie nicht nur am endlosen Atlantikstrand entlangreiten, sondern zugleich die englische Sprache besser lernen. Ein Argument, dem die meisten Eltern positiv gegenüberstehen!

Im Tölt zwischen Feuer und Eis

Reiterferien lassen sich inzwischen auf der ganzen Welt verleben. Besonders beliebt sind Trips auf die Vulkaninsel Island. Auf der von Feuer und Eis geprägten Insel tölten Urlauber auf den unverwüstlichen und bärenstarken **Islandpferden** übers Land, übernachten in Hütten und Zelten und haben manchmal sogar noch ein **Handpferd** im Schlepptau.

Mit Haflingern durchs Gebirge

Obwohl Österreich traditionell eher ein Ziel für Wanderer ist, haben inzwischen auch die Reiter die Alpenrepublik für sich entdeckt. Stilecht durchstreifen sie die Gebirgswelt auf trittsicheren **Haflingern**.

Klar, dass in diesem schwierigen Gelände, wo die Pferde über Gesteinsbrocken klettern und durch eiskalte Gebirgsbäche waten, vor allem **Schritt** geritten wird.

Abends genießen die Tiere ihre Nachtruhe auf der Alm, während ihre Reiter bei einer zünftigen Brotzeit das Gipfelpanorama genießen. Gerade in Österreich werden auch

spezielle Reiterferien nur für Kinder und Jugendliche angeboten.

→ Falls deine Eltern einen Wanderurlaub planen, könntest du dich erkundigen, ob es in der Nähe eures Urlaubsziels einen Reiterhof gibt.

Rinder treiben im Wilden Westen

Wer die Abenteuer des Wilden Westens nicht mehr im Fernsehen verfolgen, sondern selbst erleben will, reist in die USA oder nach Kanada und quartiert sich in einer Gäste-Ranch ein.

Dort kannst du zusammen mit Cowboys über die Prärie reiten, auf dem Rücken eines Quarterhorses Kühe treiben und abends am Lagerfeuer dem Ruf der Kojoten lauschen.

Begleitung gefragt

Die Anbieter solcher Ferien nehmen Kinder und Jugendliche allerdings nur

Ein Ritt am Meeresstrand – auch dieser Traum lässt sich beim Reiterurlaub erfüllen.

in Begleitung eines Erwachsenen.

Falls du also niemanden überreden kannst, einen Wild-West-Trip mit dir zu unternehmen, wirst du wohl oder übel darauf warten müssen, erwachsen zu werden.

Aber immerhin: Träumen kann man ja schon mal...

Ferienerlebnisse im eigenen Reiterverein

Wer noch nicht in den Genuss von richtigen Reiterferien kommt, braucht nicht zu verzweifeln. Auch im heimischen **Reitverein** lässt sich eine aufregende Ferienzeit verbringen. Im Mittelpunkt stehen natürlich die Pferde.

Tipp

Die Spielregeln für Allround-Turniere können als Rezeptheft bei der Deutschen Reiterlichen Vereinigung (FN) angefordert werden.

Manche Vereine und Reitlehrer lassen sich ohnehin in den Ferien einiges für die Jugendlichen einfallen.

Sollten sie bisher noch nicht auf die Idee gekommen sein, so kannst du zusammen mit deinen Freunden auch selbst solche Veranstaltungen anregen und mit organisieren.

Die Erlaubnis des Vorstandes vorausgesetzt, könnten die Reitschüler zum Beispiel ein **Zeltlager** am Stall abhalten. Tag und Nacht lässt sich da den geliebten Vierbeinern nahe sein!

Vereinsausritte mit Picknick

Als Kontrastprogramm zu den Reitstunden in der Halle kannst du gemeinsam mit Reitlehrern und

anderen Pferdefreunden **Ausritte** in die Umgebung planen.

Dabei darf ein gemütliches Picknick mit selbstgemachten Salaten und gegrillten Würstchen natürlich nicht fehlen. Sicher lassen sich auch einige Eltern mobilisieren, die den Vereinsausritt als Helfer hinter den Kulissen unterstützen.

Tagesausflüge mit anderen „Pferdeverrückten“ machen auch ohne die Vierbeiner aus dem Stall Spaß. Da kann man am Wochenende gemeinsam **Turniere**, **Auktionen** oder **Pferdemessen** besuchen.

Ein Pflegewettbewerb bringt Abwechslung

Wer dabei auf den Geschmack kommt, selbst einmal an einem Wettbewerb teilzunehmen, sollte sich gleich mit seinen Freunden besprechen. Wie wäre es etwa, einen **Pflegewettbewerb** im Reitstall auszuschreiben?

Teilnehmen dürfen alle Kinder und Jugendliche mit eigenen und geliehenen Pferden und Ponys sowie Schulpferden. Eine zuvor auserkorene **Jury** bewertet am Ende, wer sein Pferd oder Pony am wirkungsvollsten herausgeputzt hat.

Klar, dass bei einem solchen Wettbewerb auch Kreativität gefragt ist.

- Verwandele eine lange **Mähne** in eine kunstvolle **Flechtfrisur**.
- Auch **Schweife** lassen sich prima einflechten.
- Locken ins Pferdehaar bekommst du, wenn du Mähne und Schweif nass einflichtst. Nach dem Trocknen erscheinen großzügige Wellen.
- Sicher findest du einige Erwachsene, die den Pflegewettbewerb mit Preisen unterstützen!

Höhepunkt der Ferien: Allround-Turniere

Der Renner für Teilnehmer und Zuschauer schlechthin sind **Allround-Turniere**, bei denen **Geschicklichkeitsprüfungen** auf dem Programm stehen. Die Teilnehmer meistern anspruchsvolle Aufgaben, bei denen die Pferde **Gehorsam**, **Aufmerksamkeit** und **Vertrauen** zu ihrem Reiter beweisen müssen.

Alle dürfen mitmachen

Mitmachen dürfen alle: Jung und Alt, ob mit oder ohne Reitausweis, in edler Turnierkluft oder im Norwegerpullover. Bei den Pferden kommt es nicht auf Schönheit oder spektakuläre Gänge an. Vielleicht hat ein **Shetlandpony** sogar eher die Nase vorn als ein **Hannoveraner**, wenn es darum geht, eine Tonnenreihe so schnell wie möglich im Slalom hinter sich zu bringen.

Tag der offenen Tür

Ebenso könntest du mit deinen Freunden einen „Tag der offenen Tür“ im Reitstall organisieren. Reitvorführungen, Ponyreiten für Kinder und eine Kuchentheke dürfen an diesem Tag nicht fehlen. Den Erlös der Veranstaltung könntet ihr zum Wohle der Vierbeiner investieren: etwa für Verbesserungen im Pferdestall!

Verreisen mit dem eigenen Pferd

Besitzt du ein eigenes Pferd oder Pony, liegt der Wunsch natürlich nahe, auch einmal mit ihm in den Urlaub zu fahren. Allein die Vorstellung, mit dem Pferde zusammen die vertraute Umgebung zu verlassen und neue Wege zu entdecken, lässt das Herz schon höher schlagen. Mit dem Pferd zu verreisen, setzt jedoch eine besonders sorgfältige **Vorbereitung** voraus.

Tipp

→ Gönne deinem Pferd in den Ferien einen Spaziergang am Halfter – natürlich mit vielen kleinen Naschpausen!

Zunächst solltest du dir gut überlegen, ob du an

- **Fortbildung** für Reiter und Pferd
- an einer **Abzeichen-Prüfung**
- an **Ausritten** oder
- einem **Wanderritt** interessiert bist.

Vor der Reise informieren

Wenn du dich für einen Ferienbetrieb entschieden hast, solltest du telefonisch anfragen, ob auch Reiter mit eigenen Pferden aufgenommen werden. Wenn das der Fall ist, fährst du am besten hin, um die Anlage zu besichtigen.

→ Erkundige dich, wo dein Pferd untergebracht wird, welche **Weiden** oder **Paddocks** es benutzen darf.

Falls grundsätzlich anders gefüttert wird, als es dein Pferd gewöhnt ist, solltest du **eigenes Futter** von zu Hause mitnehmen.

Andere Ställe, andere Sitten

Genauso wichtig ist es, vorher abzuchecken, wie es um die Toleranz der Gastgeber bestellt ist. Solltest du zum Beispiel als klassischer Dressurreiter in einem reinen **Westernstall** landen, wo andere **Reitweisen** abschätzig betrachtet werden, könnte das zu Problemen führen.

Auch Pferde genießen einen Urlaub: erst recht, wenn sie sich ausgiebig wälzen dürfen!

Wird in einem **Dressurstall** hingegen schlecht über bestimmte Rassen gesprochen, solltest du mit deinem Islandpferd vielleicht doch eher einen anderen Gastgeber in Erwägung ziehen.

Pferde müssen zusammen passen

Wer mit seinem Pferd an einem **Wanderritt** teilnehmen möchte, sollte sich vorher über die anderen Teilnehmer und deren Pferde erkundigen. Am besten wäre es, wenn die Pferde in **Größe** und **Temperament** ungefähr zusammenpassen.
Ins **Reisegepäck** gehören auf jeden Fall:

- Putzzeug, Strick & Halfter
- Sattelzeug
- Decke
- Erste Hilfe-Set

Kein Geld für Reiterferien?

So schön Reiterferien auch sind – sie kosten Geld. Falls der Traum vom Urlaub auf einem Pferdehof aus finanziellen Gründen noch nicht für dich in Erfüllung geht, so eröffnen sich durchaus andere Möglichkeiten, doch noch an eine Art Reiterurlaub zu kommen.

Praktikum im Reitstall

→ Vor allem, wenn du bereits etwas Erfahrung im Umgang mit Pferden besitzt, kannst du dich um ein **Praktikum** in einem Reitstall bemühen. Klar, dass so ein Arrangement auch mit Arbeit verbunden ist. Doch ein Praktikum kann dir beispielsweise wichtige Aufschlüsse darüber geben, ob du schon reif genug für ein eigenes Pferd bist oder ob später ein **Pferdeberuf** für dich in Frage kommt.

Tipp

→ **Wenn du ein Pflegepferd in den Ferien übernimmst, dann stimme dich vorher genau mit dem Besitzer über deine Rechte und Pflichten ab!**

Persönliche Bewerbung

Am besten stellst du dich selbst bei einer Reitanlage in deiner Nähe vor und bewirbst dich um ein Praktikum.

Zu deinem Ferienjob werden viele verschiedene Tätigkeiten zählen – angefangen vom **Füttern** der Pferde bis hin zu ihrer Betreuung bei **Turnieren**. Mit dem Ausschlafen wird es bei so einem Praktikum sicher nichts. Selbst mit dem pünktlichen Feierabend an jedem Tag darfst du nicht unbedingt rechnen.

Auf manchen Turnieren beginnen die Prüfungen schon um sieben Uhr morgens und enden erst spät am Abend. Die Arbeit eines **Pferdepflegers** beginnt aber schon lange vor dem Turnierstart und ist mit der Siegerehrung noch lange nicht zu Ende. Besonders günstig wäre es natürlich, wenn du während des Praktikums auch reiten darfst, möglichst im **Unterricht**!

Ein Pflegepferd für die Ferienzeit

→ Falls es mit so einem Ferienjob nicht klappt, kannst du im heimischen Reitverein vielleicht die **Betreuung** eines **Privatpferdes** übernehmen, dessen Besitzer in den Urlaub fährt.

Das ist lange nicht so zeitaufwendig wie ein richtiges Praktikum. Da in den Ferien oft „Saure-Gurken-Zeit" in den Reitställen herrscht, wäre es auch eine gute Idee, sich um die **Pflege** und das Wohlergehen eines **Schulpferdes** besonders zu kümmern.

Reiten als Belohnung

Eventuell kannst du mit dem Reitlehrer vereinbaren, dass du als Belohnung täglich eine **Reitstunde** bekommst. Oder vielleicht darfst du dafür an **Ausritten** oder an einem **Turnier** teilnehmen. Auf jeden Fall ist die zeitweise Betreuung eines Pferdes eine gute Gelegenheit, stückweise **Verantwortung** für ein Tier zu übernehmen.

Nach der Schule als Au-pair

Ältere Jugendliche, die gut mit Pferden umgehen können, werden während der Ferien auch gern als **Aushilfen** auf dem **Reiterhof** beschäftigt. Sie helfen dort den Feriengästen und begleiten Gruppen auf Ausritten.

Solche Stellen werden auch im Ausland ausgeschrieben. Bei den sogenannten **„Au-pair-Stellen"** bietet sich zugleich die Möglichkeit, eine Fremdsprache zu vertiefen.

Zukunftspläne schmieden

Au-pair-Mädchen arbeiten aber meist für ein halbes oder ganzes Jahr im Ausland. Meist sind die jungen Leute schon mit der Schule fertig und mindestens 18 Jahre alt.

Falls dir so eine Erfahrung für die Zukunft vorschwebt, solltest du deine Kenntnisse im Umgang mit Pferden und in der Reiterei jetzt schon vertiefen. So wirst du später leichter eine Stelle finden!

Bei einem Praktikum auf dem Reiterhof gehört auch die Stallarbeit zu deinen Pflichten.

Wie bereite ich mich auf die Reiterferien vor?

Wenn du zum ersten Mal in die Reiterferien fährst, wirst du dich vielleicht fragen, ob eine spezielle Vorbereitung nötig ist. Das kommt darauf an: Bist du bereits ein routinierter Reiter mit „Pferdeverstand", kannst du ruhigen Gewissens ohne Vorbereitung verreisen.

Tipp

→ Lockerungsübungen und Gymnastik vor dem Reiten machen geschmeidig. So reagierst du im Sattel schneller auf eine unerwartete Bewegung des Pferdes!

Wenn du bisher allerdings noch nie etwas mit Pferden zu tun gehabt hast, können gewisse Vorkenntnisse nicht schaden.

Reiterlektüre zum Einstieg

Wichtige Informationen über das Pferd und die Reiterei findest du beispielsweise in den „Richtlinien für Reiten und Fahren", Band 1 der Deutschen Reiterlichen Vereinigung.

In diesem Büchlein kannst du dich schon vorab über viele Dinge schlau machen, die in den Reiterferien auf dich zukommen.

→ Am besten packst du dir die Lektüre auch gleich ins Urlaubsgepäck.

Auch beim Zuschauen kannst du eine Menge über die Reiterei erfahren.

Vor den Ferien Fitness tanken

Eine gewisse Fitness wird bei Reiterferien, die schließlich ein Sporturlaub sind, vorausgesetzt. Falls du bisher überhaupt keinen Sport betrieben hast, könnte es dir etwas schwerfallen, plötzlich mehrere Stunden am Tag zu reiten, Pferde zu pflegen und vielleicht auch noch Schwimmen zu gehen!

→ Als sportliche Vorbereitung könntest du dir vornehmen, mindestens dreimal pro Woche ein dreißigminütiges Fitnessprogramm zu absolvieren.

Je nachdem was dir am meisten Spaß macht, kannst du dich fürs Joggen, Radeln, Schwimmen oder für Aerobic entscheiden. Denk daran: Wer sich fit hält, reitet besser!

Gymnastik vor dem Reiten

Empfohlen werden auch Stretching-Übungen direkt vor der Reitstunde. Diese Dehngymnastik kannst du ganz einfach einbauen – beim Putzen

Wer sich für Reiterferien entscheidet, sollte auch einigermaßen sportlich fit sein.

des Pferdes oder beim Ausfegen der Stallgasse mit ein paar tänzelnden Schritten...

Geschmeidigkeit schützt Bänder und Sehnen vor Überdehnung und Verletzung.

Außerdem reagierst du auf eine unerwartete Bewegung des Pferdes viel schneller, wenn du fit und durchtrainiert bist.

Wanderreiter brauchen Kondition

Um einen mehrtägigen **Wanderritt** so richtig zu genießen, sollte man erst recht über eine gute Kondition verfügen. Da das Pferd bei diesen stunden- und tagelangen Ritten zwischendurch ebenso entlastet wird wie der eigene Po, gehen Wanderreiter auch mal einige Kilometer **zu Fuß**.

→ Willst du mit deinem eigenen Pferd oder Pony an einem Wanderritt teilnehmen, ist es absolut notwendig, dafür gezielt zu **trainieren**.

Die Vorbereitung des Pferdes

Damit der Vierbeiner beim Trailritt nicht überfordert ist, sollte er bereits an **mehrstündige Ausritte**, an **unterschiedliches Gelände** und natürlich auch an den **Straßenverkehr** gewöhnt sein.

Um im Gelände zu reiten, solltest du dein Pferd

- in jeder Situation unter **Kontrolle** haben
- so vorbereitet haben, dass es nicht bei jeder Gelegenheit scheut
- an das **Ausreiten** in der **Gruppe** gewöhnt haben.

Was kommt in den Koffer?

Endlich ist es soweit: Die Reiterferien stehen vor der Tür! Jetzt gilt es, die allerletzten Vorbereitungen zu treffen.

Tipp

→ Eine Gerte kannst du beruhigt zu Hause lassen. Falls du wirklich eine benötigst, kannst du sie bestimmt auf dem Reiterhof ausleihen!

Da Reiten leider nicht ganz ungefährlich ist, solltest du auf jeden Fall **unfall-** und **haftpflichtversichert** sein. Sprich vor den Reiterferien mit deinen Eltern über die Versicherungsfrage.

Darüber hinaus empfiehlt es sich generell, wenn man mit Pferden umgeht, für einen ausreichenden **Tetanus-Schutz** zu sorgen.

→ Die Tetanus-Impfung bekommst du problemlos bei deinem Hausarzt.

Taschengeld nicht vergessen

Auch wenn der Reiterurlaub bereits komplett mit Unterkunft und Vollverpflegung bezahlt ist, solltest du auch noch ein bisschen Taschengeld mitnehmen: für Süßigkeiten, Postkarten, Schwimmbadbesuche und andere Vergnügungen.

Kofferpacken mit Checkliste

Mit reichlich Vorfreude im Bauch macht es so richtig Spaß, den Koffer zu packen. Auf Reiseprospektfotos sieht es toll aus – in einem Bikini auf einem schneeweißen Araber am palmenreichen Strand entlang zu galoppieren.

Aber du kannst sicher sein: Zum Reiten ist der Bikini das denkbar ungeeignetste Kleidungsstück. Um keinen Reinfall zu erleben, findest du hier eine kleine **Checkliste** mit den wichtigsten Utensilien.

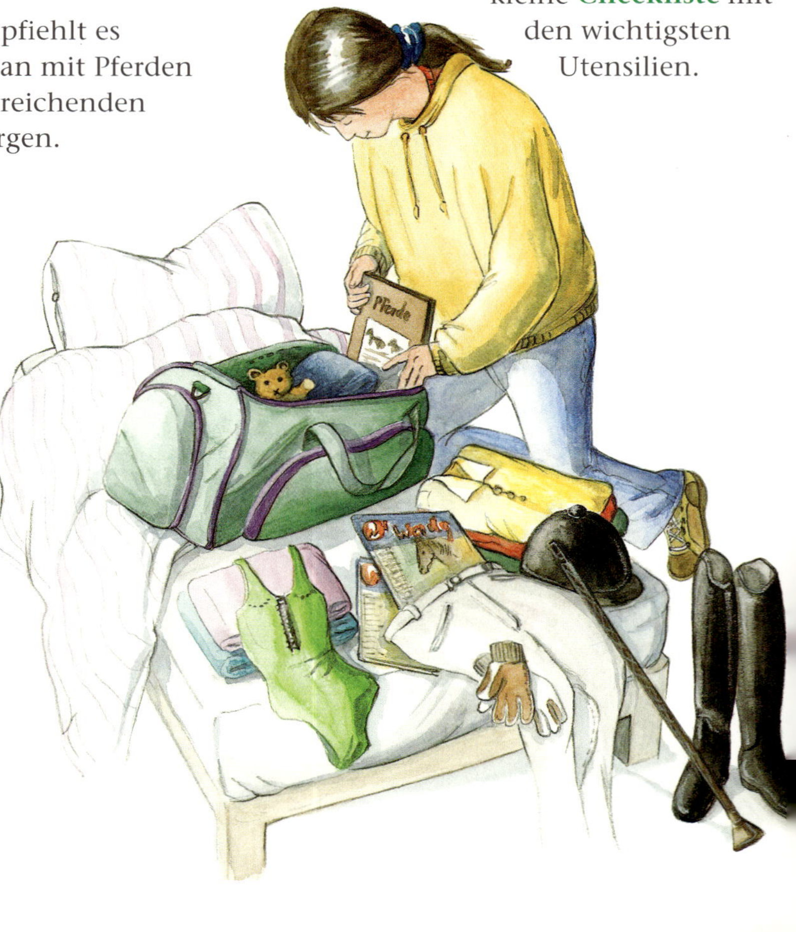

Dressur- und Springreiten lässt sich immer noch am besten in Reitstiefeln aus Leder oder Gummi. Wanderreiter bevorzugen die kurzen Stiefeletten. Turnschuhe dagegen sind zum Reiten ungeeignet.

Trage beim Reiten immer einen gut passenden Helm mit Drei- oder Vierpunktbefestigung.

Wenn du auf einen Reiterhof fährst, solltest du folgende Dinge einpacken:

- Reithose
- Leder- oder Gummistiefel, fürs Wanderreiten eignen sich auch Reitschuhe und Chaps
- T-Shirts, Blusen und Pullis
- leichte Handschuhe
- gut passender Reithelm mit Drei- oder Vierpunktbefestigung
- Unterwäsche und Socken, am besten ohne Kunstfasern
- feste Schuhe
- Badezeug und Handtücher
- Sonnencreme
- Freizeitkleidung, Jeans und Windjacke
- Regenjacke
- Erste-Hilfe-Päckchen mit Schmerztabletten, Augentropfen, Pflaster und Tabletten gegen Magenverstimmung und Wundsalbe
- Impfausweis
- Kamera und genügend Filme
- „Pferde-Lektüre“
- die wichtigsten Sachen für einen Ausritt lassen sich gut in einer Skitasche („Bananentasche“) verstauen, die du um die Hüfte schnallen kannst
- eine Tube Reisewaschmittel
- Taschenlampe: Wer nachts mal austreten muss
- eventuell Schlafsack
- Adressenliste von allen, die eine Reiterferien-Karte bekommen sollen.

Ausflugstipps für Pferdefreunde: Von der Rennbahn ins Gestüt

Die Welt der Pferde ist groß und vielfältig. Liegt dein Reiterurlaub vielleicht doch noch in weiter Ferne, gibt es zahlreiche Möglichkeiten, die Zeit bis dahin zu überbrücken. Unvergessliche Ferienerlebnisse mit den geliebten Vierbeinern müssen ja schließlich nicht zwei Wochen dauern. Wie wäre es zum Beispiel mit einem **„Schnuppertag“** auf einem **Reiterhof**?

Tipp

Überlege dir schon vor Ferienbeginn einen tollen „Pferde-Ausflug“. Wer könnte mitkommen?

Ferien auf Probe

Sicher findest du in der Nähe deines Wohnortes einen Reiterhof, auf dem du einen Tag **Ferien auf Probe** verleben kannst.

Das ist nicht so teuer und vermittelt dir dennoch schon einmal einen guten Einblick ins Reiterhof-Leben.

Ein Besuch im Gestüt

Ob Eltern, Großeltern oder Freunde – vielleicht kannst du jemanden zu einem Ferien-Ausflug mit einem „Pferde-Ziel“ überreden.

Wenn dich vor allem die **Pferdezucht** interessiert, bietet sich der Besuch eines großen **Gestüts** an. Hier erfährst du, wie Pferde heute groß werden und was es über **Fortpflanzung**, **Geburt** und **Aufzucht** zu berichten gibt.

Besonders spannend sind Ausflüge zu den **Hengstparaden**, die jeweils im Herbst in den deutschen **Landgestüten** stattfinden. Da donnern Römerwagen durch die Arena, begeistern

Den Flair der großen, weiten Welt des Springsports genießen Besucher des Internationalen Reitturniers in Aachen.

Unvergessliche Ferienerlebnisse bescheren die deutschen Landgestüte. Bei den jährlichen Hengstparaden donnern sogar Römerwagen blitzschnell durch die Arena.

perfekt einstudierte **Quadrillen** und elegante Dressurdarbietungen.

→ Die Termine der Hengstparaden erfährst du beim jeweiligen Zuchtverband.

Spannung pur beim Reitturnier

Die Eleganz der Dressur und Spannung im Springparcours erwarten dich bei einem **Reitturnier**.

An jedem Wochenende finden diese sportlichen Reiterveranstaltungen draußen oder in der Halle statt.

→ Termine erfährst du beispielsweise in den Reitsportfachzeitschriften.

Die Stars der internationalen Turniersportszene findest du allerdings nur auf den ganz großen Veranstaltungen.

Für Naturfans: Vielseitigkeitsprüfungen

Ganz speziell ist die Stimmung bei einem **Vielseitigkeitsturnier**. Während der **Geländeprüfungen** wandern die Besucher – meist mit Hunden im Schlepptau – von Hindernis zu Hindernis über die Strecke und unterstützen Reiter und Pferde mit lautem Jubel nach jedem geglückten Sprung.

Auf der Rennbahn

Eine ganz andere Welt begegnet dir auf **Trab- und Galopprennbahnen**. In Baden-Baden, in Hamburg oder in München etwa treffen sich elegante Damen, Wettbegeisterte und betuchte Rennstallbesitzer zum „Sehen und Gesehen werden“.

Messen & Museen

Die ganze Vielfalt der Pferdewelt offenbart sich auf einer **Pferdemesse**, von denen es mittlerweile schon eine ganze Menge in Deutschland gibt. Hier lassen sich nicht nur Reit- und Fahrvorführungen mit verschiedenen Rassen bewundern, sondern es gibt auch in puncto Ausrüstung einiges zu begucken. Die Geschichte des Pferdes von seiner Entstehung bis zur Gegenwart erfährst du im **Pferdemuseum**. Das Deutsche Pferdemuseum befindet sich im niedersächsichen Verden an der Aller.

Die Autorin

Susanne Kappmeier, Jahrgang 1965, stammt aus einer Pferdezüchterfamilie. Als selbstständige Fachjournalistin und Fotografin wählte sie ihre Arbeitsschwerpunkte in den Themen Reitsport, Pferde und Reisen. Susanne Kappmeier ist Turnierreiterin und Pferdeausbilderin. Sie lebt mit ihren Pferden auf einem Bauernhof in Ostwestfalen.

Die Illustratorin

Silke Ehrenberger, Jahrgang 1970, studierte Grafik-Design. Seit ihrem Studium arbeitet sie selbstständig in Heidelberg. Sie ist sowohl in der Werbung tätig als auch bei Verlagen als Illustratorin mit dem Schwerpunkt Pferde und Medizin. Mit 9 Jahren begann sie zu Reiten und hat seitdem täglich mit Pferden zu tun.

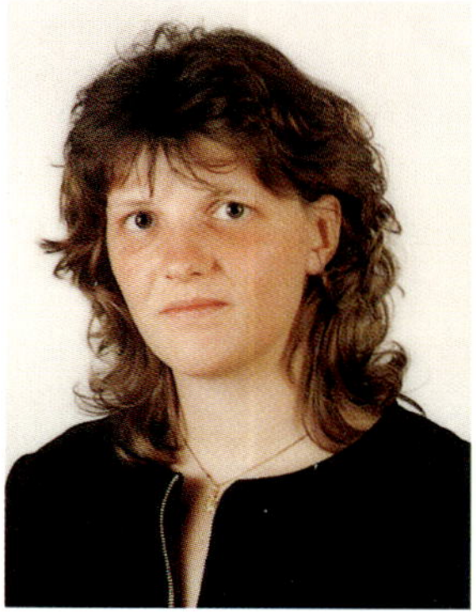

Was Pferdefreunde wissen wollen

Kleines Hufeisen – Großes Hufeisen. So klappt die Prüfung
ISBN 3-88542-296-4

Pferde – meine besten Freunde
ISBN 3-88542-318-9

In der Reitschule
ISBN 3-88542-319-7

Pferdepflege macht Spaß
ISBN 3-88542-322-7

Kleine Ponys – große Pferde
ISBN 3-88542-323-5

Reiterferien sind ein Traum
ISBN 3-88542-333-2

Im Stall und auf der Weide
ISBN 3-88542-332-4

Jeweils 48 bzw. 64 durchgehend farbig illustrierte Seiten, Format 17 x 24 cm, gebunden, je DM 26,80

Das Sachbilderbuchprogramm zum Vorlesen und für Erstleser

Das Pferdebuch für Kinder
ISBN 3-88542-287-5

Das Ponybuch für Kinder
ISBN 3-88542-288-3

Das Buch vom Pferdepflegen für Kinder
ISBN 3-88542-294-8

Das Buch vom Pferdestall für Kinder
ISBN 3-88542-295-6

Das Buch vom Reiten lernen für Kinder
ISBN 3-88542-317-0

Jeweils 32 Seiten mit durchgehend farbigen Illustrationen, Format 21 x 26 cm, gebunden, je DM 24,80

1. Pferde brauchen Menschen

Pferde sind auf uns Menschen angewiesen. Wir Pferdefreunde tragen die Verantwortung dafür, dass es jedem einzelnen Pferd gut geht – auch du.

2. Pferde müssen richtig versorgt werden

Pferde brauchen Wasser und Futter, Licht und Luft, viel Bewegung und Kontakt zu anderen Pferden. Wir Pferdefreunde sorgen dafür, dass es jedem Pferd gut geht – auch du.

3. Die Gesundheit geht vor

Gesundheit und Zufriedenheit des Pferdes sind wichtiger als Erfolge um jeden Preis. Uns Pferdefreunden geht das Wohl jedes einzelnen Pferdes vor – auch dir.

4. Alle Pferde sind wertvoll

Alle Pferde verdienen Pflege und Zuneigung, egal ob jun oder alt, Weidepony oder Turnierpferd, Zuchthengst oder ausgedientes Schulpfer Wir Pferdefreunde wissen, dass alle Pferde gleich gut behandelt werden müssen – auch du.

5. Pferde und Menschen haben eine lange gemeinsame Geschichte

Zwischen Pferden und Menschen besteht seit Tausenden von Jahren eine enge Verbindung.

Wir Pferdefreunde sind bereit, vom enormen Wissen früherer Zeiten und fremder Kulturen über Pferde zu lernen – auch du.

6. Pferde sind gute Lehrer

Pferde spüren Ungeduld und Unbeherrschtheit. Sie belohnen Freundlichkeit und Geduld. Wir Pferdefreunde lernen gern von unseren Pferden – auch du.